괘종시계가 밤 한 시를 물고 버틸 때

괘종시계가 밤 한 시를 물고 버틸 때

이숙이 시선집

청색종이

시인의 말

그간 엮은 네 권의 시집을 허물어 시선집을 마련한다.
근년의 시집 시편들을 앞자리에,
첫 시집의 시편들을 마지막 자리에 배열했다.
지금 내 의식의 풍경들이 시편을 많이 다듬게 만들었다.
다시 만난 나의 시편들, 한없이 어색하고 부끄러웠다.
그러나 어쩔 수 없는 나의 육성, 나의 마그마였음을 확인하며
가슴에 가만히 손을 얹는다.
나의 것들이여, 이제 나를 떠나서 멀리 가거라.
어느 기슭엔가 닿아서 환한 얼굴로 다시 피어나거라.

나를 살게 하는 것.
나를 불 지르는 것.

이숙이

차례

괘종시계가 밤 한 시를 물고 버틸 때

이숙이 시선집

5   시인의 말

I

13   붉은 가시
15   연분홍 치마가 봄바람에
16   목메어 불러 보는
17   나는 래퍼
20   괘종시계가 밤 한 시를 물고 버틸 때
22   탱고를 추고 싶다
24   일렁이며 탐하는
26   우리 시절의 옛날이야기
27   무정 부르스
28   퀸 메리호의 이방인
30   화이트 록의 반전
32   기억의 끝에서
33   등은 쓸쓸하다

34 멀리서 온 전화
35 보드카 연인
36 돌아가고 싶다
38 광야의 기도
40 성모님을 향한 기도 — 2009. 5. 30. 성모의 밤에
42 부르주아의 낭만
43 고향으로 가는 배

II

47 햄릿처럼
49 죽이고 싶도록 미워한 적 없었는가
50 잃어버린 시간을 찾아서
52 한 스푼의 수프
53 누가 청춘을 아름답다 했나
54 아오지 탄광에서
56 시의 올가미
57 시간을 토막 내는,
58 비행기는 10시 50분에 이륙했다
59 면죄부
60 누가 얼고 싶고 출렁이고 싶나
61 비애
62 화해
63 코드를 맞추다
64 동백꽃, 떠내려간다

65　서머타임
66　순수 야성만 찬란하다
67　제주 앞바다 — 이중섭
68　엠마오 가는 길

Ⅲ

71　온통 꼴린다
72　꽃들은 만개(滿開)의 꿈을 반복한다
73　곧, 목련
74　허무함을 쓴다
75　1937년 프랑스산 적포도주
76　실토
77　석쇠
78　물의 꿈
79　너를 녹이지 못했다
80　방전
82　뼈의 시간
83　위내한 나그네
84　2000년 어느 날
85　엄마는 가지 않았다

Ⅳ

89　봄 1

- 90 봄 2
- 91 모수석
- 92 게이들의 벽
- 93 마음 보자기
- 94 나는 간다
- 95 이 지극한 용납
- 96 짧은 삶을 슬퍼하지 않는다 — 총알론
- 97 은행잎 무더기
- 98 집으로 가는 길
- 99 살아만 있다면
- 100 동백나무
- 101 내다본 바깥은 끝이 없다
- 102 포스트모더니즘
- 103 바다로 가는 소금

해설

- 107 카이로스의 미학 : 존재의 심연을 바라보는 시선
  김지윤(문학평론가)

I

붉은 가시

새벽 어스름 시골집 부엌에서
늙은 쥐를 밟아 죽였다
죽은 쥐를 불집게로 집어
밭고랑에 내던졌다
피 묻은 신발을 신고
매캐한 눈물로 된장을 끓이고
나물 무쳐 아침상을 차렸다
임신 팔 개월이었다
아랫도리는 통통 부어
먹고무신의 코가 자주 찢어졌다
아궁이 앞에 앉아 찢어진 코를 깁고
장닭 목을 비틀고
이 빠진 식칼로 모가지를 내리쳤다
생고무보다 질긴 시간들이었다

흩어진 머리칼을 동여맬 틈도 없이
산더미 같은 하루가 전신을 깔아뭉갰다
세상 아무것도 두려운 게 없었다

우아한 태교를 믿지 않았다
참고 살아내는 것만이 태교였다
대장장이가 달군 쇠붙이를
하루하루 모루에 놓고 두드렸다
담금질은 모질고 독했다
인격이나 품위 따위는
거북 등껍질로 벽에 걸어 두었다
터널 반대편에서 노을이 졌다

가시나무가 아궁이에서 활활 타올랐다
굵고 붉은 가시 하나, 타지 않고 끝까지 남아 있었다
서기(瑞氣) 짙어서.

연분홍 치마가 봄바람에

벚꽃이 진달래가 다 떨어져도
그 시절 그 노래는
탄력 잃은 고무줄처럼 늘어지기만 하더라
모든 일이 답답하고 막막함뿐이더라
산제비 넘나드는 성황당 길엔 목 축일 우물은커녕
샘물도 보이지 않더라
미니스커트와 뾰족 힐이 유행이더라
갈 곳이라곤 젊은 남녀로 득실거리는 명동 세시봉
뮤직홀뿐이더라
알뜰한 그 맹세가 없어도 봄날은 잘도 가더라
청춘은 꼬리도 뒤도 없다는 것을 깨달았을 땐
밥만 퍼먹고 있더라
미련한 마음에 라이터 불이라도 지르고 싶더라

연분홍 치마도 내 청춘도
한 번도 휘날리지 않더라.

목메어 불러 보는

컨테이너 위로 부산 갈매기 앉았다 날았다 한다
역전 카바레 에레나가 된 순이
한 많은 피난살이 섧게도 울던 경상도 아가씨들
다 어디 가서 무엇 되었을라나
국제시장 꿀꿀이죽 통을 들고 몰려가던 소년들
다 어디 가서 무엇 되었을라나
산꼭대기까지 기어오른 판자촌
아파트가 얼떨결에 깔고 앉았다
사무치게 눈보라 휘날리면
흥남 부두 금순이를 애타도록 불렀지
영도다리 난간 위에 초승달은 오늘도 뜬다
질퍽이는 자갈치 길바닥에는
사랑과 청춘이 활어보다 펄떡거렸지
굽 높은 하이힐은 불안불안 지축을 울리고
동백섬 붉은 목 뚝뚝 떨어진 실업자들
다 어디 가서 무엇 되었을라나
돌아와요 부산항에 목메어 불러 봐도
그리운 남루(襤褸), 대답 없어 다행이다.

나는 래퍼

#
2차 대전 중 파리의 레지스탕스들은 게슈타포를 피해 지하 아지트로 숨어들었다 나라를 찾기 위해 목숨 내놓고 떠돌다 찾아든 곳이다

#
욕망과 분노, 갈등의 매듭에 묶여 떠돌다 찾아든 이곳은 나의 아지트
검은 소파에 기대앉은 래퍼의 대부 치타와 산이가
매의 눈빛으로 나를 쏘아 본다
작전에 앞서 분위기를 띄운다
둘러앉은 지망생들이 어~, 어~, 아~, 아~, 추임새를 넣고
나도 마이크를 잡고 비트에 맞추어 몸을 흔든다
원 웨이~
저 길의 끝까지 질주해야 한다
머뭇대다간 하차하는 수밖에
노 웨이~

다시 템포에 맞춰 리듬을 탄다

— 엄마는 무슨 생각 할까, 아빠는 날 보고 한숨짓고, 서울대생 누나는 외면,
　나는 자퇴생, 나는 자퇴생…
　쉴 새 없는 넋두리가 실타래를 풀고
　하이패스가 거리와 요금을 정산하듯
　우리의 등판에 순위와 점수를 전광한다
　눈 밑까지 덮인 머리카락 틈새로
　내가 읽는 것은 비애
　경쟁이 싫어 숨어든 곳에서
　내가 읽는 것은 박탈감
　이것은 내 삶의 방식
　캄캄한 밤 먹이를 찾는 굶주린 치타의 눈빛이 푸른 레이저로 무대를 쏘아댄다
　약을 먹으며 손목을 그으며 신경증을 앓으며
　찰랑거리는 목걸이, 귀걸이, 코걸이
　심장에는 번쩍거리는 비주얼을 달고

눈에는 독이 들었지만 빛을 잃은 채
강렬한 사운드로 지금 묻는다
그대들은 어떤 기분인가요?

괘종시계가 밤 한 시를 물고 버틸 때

바삭한 모래 속에 열 손가락 묻고
엎드려 주문을 흘리는 여자

이 빠진 괘종시계가 낮 한 시를 흘린다

마른 내장에선 역한 모래 냄새 올라온다

널브러진 해골들이 여기저기

모래바람이 일어난다
비명들이 몸을 비튼다

늙은 괘종시계가 밤 한 시를 물고 버틴다

목마른 낙타가 볼을 부벼대지만
여자는 더워지지 않고

주문은 더 흐르지 못한다

낙타가 목을 빼고 마셔댔던
만년설 녹아 스민 오아시스였을
그 여자.

탱고를 추고 싶다

살아오면서 한 눈 한 번 팔아 본 적 없다
그동안 많은 것들 사들였지만
이젠 아무거나 팔아 버리고 싶다
가지고 있는 것 모두
탁탁 털어
팔다팔다 땡처리하고
마지막에는
마음도, 사랑도, 몸도 팔고 싶다

시장통 생선가게 좌판 위에 드러누워
소리소리 질러도 안 팔리면
멀고 먼 알젠틴의 부둣가 만선(滿船)이 들어올 때
건장한 뱃놈 하나 꿰차고
숨이 꼴깍 넘어가도록 탱고를 추다가
가진 것 다 주어도 좋겠다

끝끝내 남은 껍데기는
휘날리던 연분홍 치마에 곱게 싸들고

잃어버린 제국의 전설을 찾아
마추픽추 고원을 오르거나
별이 쏟아지는 우유니 사막을 밤새 걸어야지
소금 알갱이 같은 갈등과 갈등이 만나
용암이 쿨렁쿨렁 터져 나오고
활화산처럼 뜨거워져
골분이 다 삭도록 엉기고 엉긴 스텝으로
탱고를 추고 싶다.

일렁이며 탐하는

입술을 타고 넘어오는 달콤함

너의 열망을 탐한다

그렇게 필터링하고도

때때로 피어오르는

이 단내는 무엇인가

일렁이며 탐하는

한 잔의 블랙커피에

설탕 한 스푼으로

녹고 스미고 휘감기며 유혹하는

밤마다 아프로디테를 꿈꾸는

달콤함은.

우리 시절의 옛날이야기

옛날이나 지금이나
첩이 좋고 연인이 예쁘다
날마다 똑같은 얼굴 똑같은 밥그릇
교도소 같아 담이 높고 숨이 차다
자식으로 이어진 끄나풀은
피 한 방울 나오지 않는 철사줄이다
칼로 잘라도 끊어지지 않는다
미세한 전율도 느끼지 못하는
뿌리 깊은 마른 꽃으로 버티고 섰다
목에 깁스한 남자는 연인 앞에서만 깁스를 푼다
"사랑하는 당신."
비 온 뒷날 돋아난 빨간 독버섯처럼
황홀한 불륜의 독배를 마신다
사랑은 연인과 함께
고생은 여편네에게
책상 앞 페미니스트
이 상아탑 같은 진실 앞에
논 한 마지기에 첩이 되고 연인이 되는

우리 시절의 옛날이야기.

무정 부르스

일월화수목금토 다시 일월화수목금토
또다시 1월 2월 3월 4월 5월 6월 7월 8월 9월 10월 11월 12월
1년이 가고 2년이 가고 3 4 5…,
10년 20년 30년 40년 50년 60년,
세월은 혼비백산해 버렸다
부고장 닮은 무료 전철표
눈 내리깔고 툭 내민다
시퍼런 만 원권 내고
정기승차권 구매할 오기는 어디 갔나
소매 안으로 오그라든 손이 비굴하다
에스컬레이터를 타고 내리며 환승역을 지나
하루 종일 탔다 내렸다 발광을 떨어도 돈 안 받는다
인생 역전에서 이미 탈락한 무리
내일이라도 모니터 화면이 홀딱 날아가 버리면
뉴스마다 노령인구 늘어나고 출산율 줄었다는 민망함
모두 모두 부질없는
무정 부르스.

퀸 메리호의 이방인

한 번쯤 그 품에 안기고 싶어
비행기로 기차로 달려온다
맨해튼 부두에서 옆구리를 활짝 열어 놓고
국적 불문, 꿀꺽 쓸어 담는다
긴 갈기를 날리며 포효하는 수만 마리 사자 떼
밤바다의 여왕은 도도히 출항한다
프랑스령이나 영국령의 작은 섬에 정박한다
적도의 태양이 비치에 쏟아질 때
뉴욕의 7번가 에브뉴와 32스트리트 모퉁이에서
바이올린을 켜고 있는 흑인 손가락은
동상으로 굳어간다

옆구리 살이 수영복 바깥으로 삐져나온 늙은 부부
먹어도 먹어도 허기진 여자
토끼 눈 닮은 어린 딸은
도망쳐 버렸다는 젊은 엄마 대신 늙은 아빠와
족쇄 찬 듯 붙어 다닌다
뷔페식당에는 타락한 황제의 식탁처럼

음식이 넘쳐나고
쇼가 끝난 홀에는
밤하늘 위로 쏘아 올린 레이저 빛과 함께
광란의 댄스파티가 시작된다

한마디 말도 건넬 수 없었다
혼돈 속 고독의 마스크를 쓴 이방인
뫼르소의 권총에 예고 없이 난사 당한다.

화이트 록의 반전

낮은 언덕 위
아름다운 집들이 태평양을 바라보며 꿈꾸고 있다
작은 섬들이 띄엄띄엄 누워있는 그곳은
폭풍이 몰고 온 비바람조차 숨죽여 가라앉힌다
손 뻗으면 닿을 것 같은 베이커마운틴이
만년설을 덮어쓰고 있다
워싱턴 주가 건너다보인다
언제나 선선하고 따뜻한 지상의 낙원
이념이나 사상이 시퍼런 칼을 갈며
저주하지도 달려들지도 않는 아침 산책길에는
낯선 사람끼리
굿모닝!, 하이!, 손을 흔든다

니코틴에 찌든 파이프를 물고 장미 만발한 정원
아름드리 고목에 기대 눈을 감는다

그 시절은 피할 수 없는 잔인한 형벌이었다
은발이 날릴 때마다

가야산 골짜기
무너져 가는 빈농이 떠오른다
꽁보리밥 한 덩이에 풋고추, 된장도 그 여름의 꿀맛이던
너무너무 고기가 먹고 싶어
손님이 벗어 놓은 가죽구두를 뜯어 먹어 보던
허기 속에서도
위대한 개츠비의 꿈을 꾸었다
자갈길 먼지 폴폴 날리며
자가용에 예쁜 아가씨를 옆에 끼고 돌아오겠다는

내 꿈은 화이트 록[*]처럼 견고했다

지금 내 집 냉장고에는 고기가 넘친다
창가엔 벌새가 날고
흘러가는 오후의 바람에 은발 날리며
파이프를 깊이 들이마신다.

---

* 밴쿠버 남쪽에 있는 큰 바위.

기억의 끝에서

자욱이 내려앉아 아득한 길
함석지붕 굴뚝에서 풀려나오는
가늘고 긴 끄나풀 한 줄기
이슬에 젖은 비애를 털며
탕아가 된다
그리움이 대못을 치고 돌아섰던
그 길
세월에 녹슬어 새 살이 돋아
못 빠진 상처 위에
보름 달빛 가득 내린다
기억의 끝에서 터져 나온
외마디 절규
닫아건 문고리는 벗겨지지 않고
눈도 코도 없는
누런 문창호지
부식된 기억들.

등은 쓸쓸하다

한평생 그림자도 없는 삶을 살다가
돌아가는 길
먼지 한 점 앉을 곳 없고 눈물 한 방울 스며들 곳 없는
멱살 잡고 윽박질러도 뭐 하나 나올 것 없는 너를
바라볼 눈도 없고
애타게 불러 볼 입도 없다
어루만질 손바닥도
울어 줄 가슴도 없다
두 팔도 내 것이 아니다

레드 카펫 위를 걸어가는 여배우처럼
드러난 제 등을 안아 줄 수 없다
다만 등의 연민에 울 뿐이다
허허벌판
오직 가슴을 위해 버티고 있는
등은 쓸쓸하다.

멀리서 온 전화

캐나다에서 잠시 다니러 온 큰 애가 아버지 뵈러 가서

"엄마, 아버지가 전화 바꿔 달래요." 한다

"이봐요, 그곳은 지낼 만해요? 우린 다 잘 있어요. 내가 갈 때까지 기다려요."

전화기 너머 그이가 잠든 무덤 옆 목련나무 잎 지는 소리만 둥글다.

보드카 연인

모스크바의 겨울은 혹독하지…
밤새도록 몰아치는 눈폭풍은
KGB처럼 도시를 장악한다
먹이 찾아 헤매던 어린 짐승은 박제가 되고
오래된 가로등 불빛이 금 간 창문 사이로
노모의 짓무른 눈가에 빛을 흘린다
찢어진 창문 덮개가 미친 듯 춤을 추고
가스 불도 얼어붙는 밤
얼어 가는 연인들
한순간도 사랑 없인
한순간도 보드카 없인
살아갈 수 없는 사람들
몽롱한 기억 속에 탈곡기를 돌리던
농노의 구릿빛 등짝이 생각나는 밤
강물이 쩡쩡 얼어 터지는 굉음을 들으며
밤은 조용히 엎어진다.

돌아가고 싶다

칠월은 뜨겁고 끈적인다
탱자나무 울타리 가시에 찔린 태양이
아스팔트 길바닥에 젤리처럼 녹아내려
신발창에 쩍쩍 붙는다
(그럼에도 내 발바닥은 신발마저 벗어 던지고 싶어 한다)
유치원 수업이 끝나고 집으로 가는 길
심심해서 탱자를 하나 따서 입에 문다
노랗게 물든 탱자는 시고 쓰다
집 앞 도랑 돌다리를 깨금발로 건넌다
아버지를 따라 서울로 올라갔을 때
할머니가 사흘 밤을 두드리며 우셨다는 다리다

파도가 출렁일 때마다 움푹 파인 공룡 발자국에는
바닷물이 고이고
물결 따라 작은 물고기와 게가
쓸려 왔다 쓸려 간다
햇볕에 바랜 갈대의 흰 머리들은
서로 어깨를 기대고 잠든 마녀들 같다

온 세상이 마술에 걸린 듯
신작로에는 사람 하나 없다
모두 어디로 갔을까
눈앞에 뱅글뱅글 동그라미가 그려지며 어질머리를 앓는다
탱자나무 그늘에 주저앉아
다른 세상을 꿈꾸는 아이
침을 흘리며 깜박 까무러친다
할머니는 뜨거워진 내 머리를 찬 수건으로 닦으며
— 내 강생이… 내 강생이… 더위 먹을라…

하얗게 센 내 귀밑머리에
할머니 애잔한 목소리 감긴다.

광야의 기도

이곳은 목마르고 척박한 광야
늘어진 망토가 발끝에 밟힙니다
철갑을 두른 듯 무겁고
쇠그물처럼 얽힌 고뇌는
메마른 육신을 조이고
세상의 모든 칼날과 돌덩이가 제 어깨를 짓누릅니다
열광하던 그 많은 군중과
항아리마다 넘쳐나던 포도주는 모두 어디로 갔습니까
귓가에 속삭이는 달콤한 유혹은
떨고 있는 제 가슴을 송두리째 훔쳐갑니다
이제 광야에도 새벽 동이 트려 합니다
방황하는 어리석은 양들을 버릴 수가 없습니다
목이 마릅니다
피를 토한 고백은 메아리로 사라지고
독사의 이빨이 목덜미를 물었습니다
유다의 배신, 베드로의 세 번째 부인은
모두 저의 불찰입니다
나약한 의지와 불같은 분노는 어찌하면 좋겠습니까

동이 트려합니다
기도는 아직 끝나지 않았습니다

저를 버리지 마소서
아버지 아버지 나의 아버지.

성모님을 향한 기도

— 2009. 5. 30. 성모의 밤에

어머니!

들릴 듯 말 듯 애만 태우지 마시고 사람들이 깜짝 놀라도록 큰 소리로 저를 불러 주세요. 먼 하늘 흰 옷자락만 하늘하늘 휘날리지 마시고 빨리 달려와 저를 꼭 안아 주세요. 그런데 왜 이렇게 가슴이 울컥 용솟음칩니까. 잔잔한 황금 물결로 온몸 가득 차올라 넘쳐흐르시다가 어느 날은 무서운 폭풍우로 내리치시다가 사정없이 혹독한 말씀들로 집도하시는,

오월이면 장미꽃 향기처럼 쏟아부어 주시는 무한한 사랑, 지친 얼굴에 미풍으로 볼을 살짝 스치시는 오묘한 손길, 당신을 향한 애모로 몸부림치는 저의 이 열정을 언제 받아 주시렵니까.

우리들의 사화산 같은 싸늘한 믿음을 활화산으로 폭발시켜 주소서. 사막처럼 황량한 저는 당신 은총에 목말라 합니다. 부디 우리를 풍요로운 삶의 지혜로 이끌어 주소서.

어느 날 당신 발 앞에 엎드려 고백할 때 그 아름다운 모습으로 저를 받아 주소서. 저를 꼭 껴안아 주소서.

부르주아의 낭만

낭만이란 푸른 물결 속에서 일렁이는 거라면
수초의 마음은 찢긴다
어떤 낭만은
배후에서 머뭇거리는 가난한 자들의 꿈이기도 하고
어떤 낭만은
사우디의 황금을 뿌리친 유명 선수의 선택이기도 하다
돈 대신 신의를 택한 의리의 낭만객은
우수와 향수로 구경꾼의 가슴을 채워준다

와인 잔을 들고 향기에 취한 저 부호의 미소
타이타닉 폐선을 보기 위해 해저로 들어간
타이탄 잠수정
넘쳐나던 풍요를 뒤진다
존재의 의미는 관계치 않는다
찰나에 사라진 죽음의 서약은
누구를 위한 낭만이었나
심해에 가라앉은 침묵을 깊이 애도한다.

고향으로 가는 배

일곱 평 남짓한 반지하 창문에 눈부신 햇살 살아 있어
천국인 이곳
죽음을 코앞에 두어 지옥인가
아무려면 어때
말라 가는 내장에 탄내가 난다
아들 등에 업혀 한밤중에 몰래 들어온 지 1년
나는 존재하되 부재중이다
고기 냄새에 찌들어 새벽에 온 아들이
지린내 뭉텅한 내 기저귀를 갈고
물을 조금 떠 넣지만 입술 밖으로 흘러나온다
손가락 하나 움직일 수 없는 나
잠든 아들의 발길에 엎어진 물
물이 물을 불러 비닐 장판 위에서 반짝거린다
몸은 지푸라기
창을 넘어 물결 따라 흘러간다
햇살은 눈부시고 바람은 향기롭다
나를 곁에 누인
하얀 수건을 머리에 쓴 틀림없는 내 엄마가

노를 젓는다
고향으로 가는 배
의식의 손가락 끝에서 생의 후미가 미꾸라지 꼬리처럼 빠져나간다
바람은 향기롭고 햇살은 따스하다.

II

햄릿처럼

뚫려 있는 것은 창이고 창은 기다림이다
뉴욕에서 바라본 하늘은 서울 하늘과 똑같았다
달도 그 자리에 낯익은 별도 그 자리에 있었다

맨해튼의 성 프란체스코 성당 앞에서
구걸 깡통을 흔드는 흑인
같지도 않은 노래를 흥얼거리고
썩은 냄새를 풍기며 다가오는 노숙자
광장에는 너덜거리는 이론과 무능한 정의

아카시아 붉은 가시들 사이로
가슴 저린 향기가 터져 나오고
젖은 달이 빈민촌에 애간장을 쏟아 부어도
희망은 저 혼자 높이 떠있다
번민 속 장검을 빼 들고 몸을 날려도
고통은 창밖으로 나가주지 않는다

교차로에서 돌아선 너를 위해

새벽과 밤을 묵묵히 맞는다
너는 날개가 없어 갈 수 없고
나는 갈 곳이 없어 돌아왔다
불 꺼진 마천루 수천의 밤 지새우며
처절한 독백을 쏟아내는 햄릿.

죽이고 싶도록 미워한 적 없었는가

총은 뽑지 않았지만
그보다 더 잔혹한 살인을 태연자약 저지른다
하루에 몇 번씩 보이지 않은 흉기를 휘두른다
수시로 살인 교사 사이트에 들락거린다
방법을 모색한다
밀스타인의 바이올린이 심장을 썰어댄다
어떤 희생도 불사하고 끝장을 내야 한다
나는 혼자 주머니 속 흉기를 만지작거린다
너는 서열에도 끼지 못하는 낙오자임을 자인하라
멘셰비키가 볼셰비키에게 몰락하듯
진실은 언제나 포악한 발자국에 짓밟힌다
피폐한 구렁텅이에서
하릴없이 절규한다

너는 한 번도 누군가를 죽이고 싶도록 미워한 적 없었는가.

잃어버린 시간을 찾아서

1
이태리 토스카나 지방의 시골 장터
긴 나무 장대 다리를 짚고선 피에로와
오전 장 사람들 틈새를 누비는
그의 아내가 탬버린을 흔들며 춤을 춘다
남편이 하모니카를 불며 흥을 돋운다
꽃을 한 다발 사 안고 가는 할머니
야채를 한 보따리 들고 가는 젊은 아낙네
장은 난장이다
비닐을 깔아 놓고 온갖 잡동사니를 파는
언젠가 본 듯한 낯익은 얼굴들

2
내가 좋아하는 동이감이 매달린 뜰에서
누가 부르는 것 같다
뒤돌아보면 자욱한 형상들뿐
모든 것들이 빙글빙글 돈다

낮은 담장을 짚고 있어도
심한 빈혈이 내 전생을 흐릿하게 펼쳐 놓는다
엊저녁 한참 미소 짓던 그 사람
젖이 흐르는 달의 카페에서
은발을 휘날리며 기다린다
갑자기 소나비가 쏟아지고 사람들이 뛰기 시작한다
가게 문은 닫히고 공터만 남았다
나도 달리기 시작한다.

한 스푼의 수프

달빛 차가운 사막 아래서
사정없이 졸아드는 나는
가시 선인장이다
심장이 멈추기 전
창자가 끊어지기 전
칼라우의 화산 속
솟구치는 마그마도
남극의 500미터 빙하 속에서
건져 올린 등 굽은 크릴새우도
다 향유하고 싶었다
노을이 목 타는 열사의 저녁
불현듯, 흔들리는 시간들을
엎질러 버리고야 말 것 같은

한 스푼의 수프.

누가 청춘을 아름답다 했나

탈탈 털어도 동전 한 푼 안 나오는 빈 주머니
뒷골목을 떠도는 맨발의 청춘이었나
아비도 어미도 없는 후레자식,
어디서 굴러다니던 개뼈다귀가
뼈대 있는 거대한 족보라도 있는 것처럼 거들먹거렸지
어리석은 사람들을 현혹시킨 근본도 없는 허깨비
꼬리마저 끊어진 가오리연
폐광촌 펄럭이는 포장마차 천막 끝자락에
석탄가루 불씨만 있었다면 활화산으로 너를 만났겠지
그 대단한 네가 "내가 청춘이다." 하고
언제 한 번 말해 준 적 있나

아직 내 청춘은 오지 않았다.

아오지 탄광에서

열여덟 까까머리 중학생이

70년 늙은 인생 전부를

캄캄한 탄광 속에 묻었습니다

미라처럼 뼈와 가죽만 남았어도

집념만 장전되어 있습니다

오직 고향 길을 헤매는 제 눈빛만이

뇌관의 불꽃처럼 타오릅니다

아버지 어머니 누나야 동생아

아직 제가 여기 살아 있습니다

저를 잊었습니까 버렸습니까

단 한마디 대답을 듣고 싶습니다

오 나의 폭약아

내 어머니

내 아버지.

시의 올가미

목숨처럼 앓고 있는 시
떠돌며 수모와 냉대 속
더러워질 대로 더러워진 폐기물들
숱한 발길에 차이는 천덕꾸러기
쓸개도 양심도 시궁창에 처박고 기웃거리다
작은 상처에도 썩기 시작한다
무모한 집념에 미쳐간다
나를 살게 하는 것
나를 불 지르는 것
나를 죽음의 구렁텅이로 몰아넣는 것

눈 먼 사랑,

말의 웅덩이에 빠져 허우적거리던 날들
이 만신창이를 다 벗어던지고 나면.

시간을 토막 내는,

대가리를 치고 아가미와 내장을 긁어낸다
아무 죄의식도 없다
검객이 칼을 휘두르는 이곳은
삶과 죽음이 튀는 좌판이다
전생에 칼잡이였나
수십 마리 생선 모가지를 단번에 끝장내는
저 여자
오늘도 몇 번이나 피문어를 데치며
오랜 족보도 불에 구우며
만신창이가 된 저 아래 시궁창도 바라보며
설마설마 도리질 치는 그녀
하늘은 사라앉고
지글지글 타는 저물녘의 해.

비행기는 10시 50분에 이륙했다

느닷없이 사라진 자들을 위해
두 줄기 애도의 빛을 쏘아 올리는
맨해튼의 하늘을 뒤로

나는 살아서 떠나네

할렘의 담벼락에 마구 쏟아 낸
지난 9월은 어느 뒷골목을 떠돌다 흘러서
타임지를 적시었나
여객기는 10시 50분에 떠났네
죽음은 공평하지 않네
일만 피트 상공에서 바다로 흘러가는 강줄기와
별밭처럼 흩어져 있는 지상의 불빛들
꽃잎처럼 휘날리는 삶을 내려다볼 뿐이네
무심한 검은 구름장들이
두 줄기 광선 위로 너울거리고

나는 살아서 떠나네.

면죄부

어린 남매와 아버지 그렇게 세 식구였다
신식 양복 차림의 일본 유학생 아버지는
우리에게도 늘 서양 옷을 입혔다
명절날처럼 가족사진도 찍었다
웬일인지 해방이 되어 돌아온 아버지는
외할머니만 떼어 놓고
우리를 서울로 데려왔다
시베리아 바람이 몰아쳐도 그는 당당한 바람막이였다
언제나 부재중인 엄마
반세기 훌쩍 넘어 우리 앞에 나타났다
항아리 속엔 손가락만 한 삭은 마디뼈들이
슬픔인지 습기인지 젖어 있었다
두툼한 한지를 깔고 석유를 부어 태웠다
타고 남은 것은 소나무 밑에 뿌렸다

가루가 된 엄마를 두 손으로 움켜잡았다

종신형을 풀어 주었다, 비로소 면죄부를 내렸다.

누가 얼고 싶고 출렁이고 싶나

마음과 육신이 결빙으로 팽창한다
체념과 이별의 기억은
북구의 신화로 얼어붙었다
갑자기 녹기 시작한다면
깊이 패인 늑골과 장기 속에 숨어 있던
그 신화들 살아날까

걸레로 둘둘 말고 노숙하는
지하 군상들
누가 가슴이 쩡쩡 갈라지도록 얼고 싶고
누가 자신을 내버리며 출렁이고 싶나

무너지는 길들은 마를 날이 없다
태양은 계단 위에서 빛나고
깃발은 펄럭이는데.

비애

너는 한 조각 빵
먹지 않으면 내가 굶어 죽고
뜯어 먹으면 네가 뭉텅뭉텅 소진되는
그 무심한 세월들
함부로 뜯어먹으며 흘리고 낭비한 것들
오늘도 한 잔의 갈증을 따라 마시며
부패한 살을 찢어 먹으며
흡혈귀처럼 산다
남아 있는 조각을
마저 먹고 죽느냐
아니면 굶어 죽느냐

먹어치운 슬픔들이 척수로 차오르고
죽음은 등뼈처럼 내 안에 버티고 섰다
내 목숨의 단두대는
내 안에 설치되어 있다.

화해

혼자 버티고 선 표적을 향해
성난 화살은 전율한다
명중시키느냐 혹은 빗나가느냐
적중하고 싶은 열망만으로
화살은 끝없이 중심을 향해 날아간다
세상을 통과하는 사이
쏟아지는 치명적인 독설들
멈출 수 없는 어설픈 흉기

혼신을 다해 화해하고 싶다

깊이 허공에 박힌 촉을 뽑는다.

코드를 맞추다

코드가 맞지 않는 것들은 다 가라

하나에서 백까지 모두 맞아떨어져야 한다
낙지 발이 쩍쩍 달라붙듯 입 맞추고 밑구멍 맞추고
너와 나는 서로의 나사를 꼭꼭 조여야 한다
역겨운 냄새는 새어들지 못하게
남의 독설엔 귀 기울이지 말라
우리끼리 코드를 맞추고
우리끼리 달라붙어 지치고 녹슬어
푸실푸실 삭아 떨어질 때까지
죽이고 싶도록 미울 때까지

코드가 맞지 않는 것들은
모조리 폐기처분 하라.

동백꽃, 떠내려간다

현장을 들킨 것처럼
수십만 개의 신경세포가 멈추었다
돌이 되는 것 같았다
무모한 사랑은
고통의 못을 박았다
망망대해를 향한 동공은 허공에 걸리고
타는 마음 뭉텅뭉텅 떨어진다
비몽사몽 얼음 같은 불꽃,
낭떠러지 받들고 출렁이는 파도에
댕강댕강 모가지들 떠내려간다

처형당한 어리석은
고백들아
울 듯이 또 피겠구나.

서머타임

잠자던 숨구멍들이
토해내는 열렬한 고백에
모조리 살아 일어났다

태양이 제 안에서 폭발하듯
다시 너에게 몰입하고
사랑이라고 깨닫는 순간
발가벗겨진 몸뚱이가
흑점의 홍염처럼 타오른다

끊임없이 요동치는 불꽃 꼬리들이
마음과 몸을 뒤섞는다
가진 것 다 버리고 나면
서늘한 하늘이 저 멀리 가 있다.

순수 야성만 찬란하다

군락을 이룬 자작나무 신전
달걀꽃 우거지도록 핀 개울가
누가 영원을 확신할 수 있는가
온갖 욕망이 처절하게 나뒹군다
제대로 있는 것은 없다
변하지 않는 것은 죽은 것이다

자욱한 담배 연기 알코올 냄새가
재즈 음률에 흐느적이고
광기와 치정이 난무하는
오늘은 너 내일은 또 다른 너
쉴 새 없이 만나고 헤어지는
이 거리의 변태들
로고스 이전 순수 야성만 찬란하다

삶을 탕진한 패륜아들
아버지 앞에 엎드려 고백하곤 한다.

제주 앞바다

— 이중섭

반짝이는 물결만큼 배가 고팠다
백사장 모래가 하얗게 바래도록 배가 고팠다
햇볕이고 물이고 흰 모래고 무엇이든 넘쳐 흘렀다
배가 고팠다
알몸으로 모래밭을 뒹구는 두 아들
잠자리 몸통에 갈비뼈가 불거져 있었다
푹 꺼진 아들의 뱃가죽 위로
쌀밥 같은 흰 모래를 고봉으로 퍼 담는다
밤이면 눈이 부신 알전구 때문에 배가 고프고
낮이면 모래가,
물결이,
담뱃갑 속에서 빼낸 은박지가,
하얗게 눈이 부셔 앞이 안 보이도록 배가 고팠다
예술도 사랑도 꿈도 현실도
중섭의 것은 모두가 배가 고팠다.

엠마오 가는 길

모두를 잃어버린 채
황량한 모래바람을 맞으며 사막 길을 걷고 있었다
허탈하고 비통했던 빈 무덤의 어두운 공간을
잊을 수 없었다
아 배신의 땅 예루살렘
동행하는 나그네가 누구인지도 모른 채
발길은 쉴 새 없이 돌부리에 채였다
지친 몸으로 우리는 글레오파의 낡은 식탁에 마주 앉았다
빵을 나눕시다
등피 안의 불꽃이 갑자기 타올랐다
발아래 엎어져 복받쳐 오르는 눈물을 글썽이며
얼굴을 들었을 때

나를 잊지 마시오

한마디 남기고 홀연히 사라졌다.

III

온통 꼴린다

경주에서 포항으로 가는 국도변
야산과 들녘에 복숭아꽃이 흐드러졌다
둘러친 철조망 안에서
단추를 풀며 흐느끼는 신음 소리
숨 막힐 것 같은 후끈한 체취에
엎어진 홍도의 엉덩이가
푸들푸들 떨고 있다

어느 대담무쌍한 격랑이 달려들어
거대한 색정을 풀 것인가
봄날, 세상이 온통 꼴린다.

꽃들은 만개(滿開)의 꿈을 반복한다

키 작은 영산홍이
모세혈관까지 다 찢어발기며
봄을 살고 간다

고인 빗물에
꽃술들이 부러져 아플 때
똑똑히 보았다
까만 씨방을 지나
뿌리 속 깊이 묻히는 열정을

다시 부풀어 오르며
만개의 꿈은 반복될 것이다.

곧, 목련

미열이 나더니

추위 속에서도

아랑곳 않고

터져 나오는 맨살

몰아치는 바람에

곧, 찢어져 나뒹구는

면사포로 고이 감쌌던

나의 슬픈 흰 살,

발치 아래 몰려들더니

곧, 무참하여라.

허무함을 쓴다

마음이 환해도 쓰고
육신이 아파도 쓴다
누가 보아주지 않는
생각 한 판을, 그래도 쓴다
또렷하게
젖은 모래사장에 쓰면
파도는 달려들어 지우지만
쓴다 다시 또 쓴다
어떤 참혹한 형벌을 받아도
절박하게 쓴다
이 허무함을
또 쓴다.

1937년 프랑스산 적포도주

태어나면서부터
온통 향기였다

오래 끈질기게 묵었다
그러나 당신이 감옥일 줄이야

밀봉된 오크통 속에서
장기수처럼 눈 감았다

억울하면 억울할수록
부글부글 괴어올랐다

탈옥할 순도의 순간을
숨 막히도록 겨냥했다.

실토

뿌리치면 다시 붙잡고
뿌리치면 다시 붙잡던
낯 뜨거운 굴욕과 비굴도
이제 훤히 들여다보일 것 같고
손아귀에 낚아채일 것 같은데

노을은 저녁 하늘 앞에 엎어져
벌겋게 실토한다

사랑받지 못한 사랑하지 못한
아무것도 아닌 시간들이
폐기된 튜브처럼 찌그러져 있다

멱살을 잡아 전기의자에 묶어 놓고
죽은 입을 벌린다

그래 실토해 봐.

석쇠

달군 불 위에서 너는 좌선 중이다

노랗게 익어 갈수록 무아지경,

목숨이 붙어 있는 한 끼니때마다

네 일과는 생지옥이다

고문이 끝나면 널브러지는 억울한 양심범이다

아무리 문질러도 떨어지지 않는 절망과 진득한 미련에

한복판 뻥 뚫릴 때까지

제멋대로 달아오르는

안하무인.

물의 꿈

강물이 바다를 향해 흘러가는 것은
끌리는 천륜이 있기 때문이다
거센 여울마다 반짝이는 몽돌들을
둥글게 쓰다듬어 주면서
기억을 거슬러 올라간
잔고기와의 격렬했던 싸움으로
하류의 굽이진 길목에서 잠시 머뭇거린다
때로는 샛강으로 빠져든다
지류의 웅덩이에서 나오려 할수록
더 깊이 흘러드는 깊은 함정
강물이 바다를 향해 흘러가는 것은
천륜이 있기 때문이다.

너를 녹이지 못했다

자일에 생과 사를 단단히 묶고
서로의 운명을 잡고 있어야 했다

줄을 놓아 버린 너를
천길 눈 속에 두고 온 후
냉동실 벽에 붙은 네 얼굴이
결빙되어 떨어지지 않는다
수천 길 적설을 파내서라도
찾아와야 했다

데려가기 위해 다시 왔다
파내고 파내어도
너는
끝내 실종자였다
너를 녹이지 못했다

그리고 우리는 늙어 가고 있다.

방전

우연처럼 심장이 부르르 떨린다

돌덩이를 끌어안고 심연 속으로 빠져든다

에너지가 다 방전되었을지도 몰라

손에 와 싸늘하게 닿는 예감

굳은 외피와 고갈된 감정

삶의 화면에서 언제 지워질지 모를

힘없는 거미줄을 그린다

다 써먹었다고 함부로 버릴 수 없는

분리 수거해야 하는

1.5볼트짜리 주검들

괘종시계가 숨을 끊듯

가릉거린다.

뼈의 시간

로켓을 짊어지고
미사일처럼 날아가
천억 개의 은하가 흐르는
어느 지점에서
너의 올가미를
레이저 칼로 잘라 내리라

우리가 빠져나온
무한대의 미지 속에서
시간은 별 무덤에 이장되리라

모래를 거르고 걸러
부지런히
내 뼈만 골라내는
시간이여.

위대한 나그네

은밀한 불덩이를 안고
목성을 멀리 지켜보며
바람 부는 토성 지나
오랜 시간 쉬지 않고 달려왔다
바다처럼 푸른 흔적을 가진
황홀한 해왕성을 만났다
어둠의 책자 속에서 때로는
유성이 납 활자처럼 반짝이는 것도 보았다
보이저로 태어나면서
소름 끼치는 고독을 등에 진 채
태양계의 끝까지 그렇게 왔다
더 떠돌아야 할 미지의 길
우주 속 길은 끝이 없다
돌아갈 수만 있다면
꽃 피고 물 흐르는 내 집 뜰로
돌아가고 싶다.

2000년 어느 날

늦은 점심 먹고 전철을 탔다

졸음이 쏟아져 내렸다

익사체처럼 심해로 가라앉아

희미한 의식을 타고 있었다

나를 실은 은하철도는 몇 억 광년을 달렸다

기대고 잠들었던 옆 좌석의 사람이 일어나자

허무의 빈 열차에 내팽개쳐졌다

웅크리고 오래 잠들고 싶었다

세상에 없는 엄마의 품에서.

엄마는 가지 않았다

엄마를 밟고 일어섰다

엄마를 깔아 뭉개 버렸다

엄마를 복제해서 썼다

신심 깊은 수도승처럼

맨발로 극지를 밟으며

간혹 액자 속 얼굴을 떠올렸다

나를 버린 엄마를 버린 지 오래였다

엄마가 된 딸아이가 버티고 섰다

어느 틈에 돌아온 엄마 거기 섰다

엄마는 가지 않았다.

IV

봄 1

지난 겨우내 몸이란 몸 다 빼앗긴 채
얼어 죽고 썩어 흩어졌던
첩첩이 쌓인 죽음들이 이 악물고
피어나 흐드러지며
한자리에 어우러진다

장난감 로봇의 부속품을 끼워 맞춘다
흩어졌던 몸통을 조립한 뒤
두개골을 목뼈에 끼우고
무릎뼈와 두 발목에 나사를 조이면
팔뚝이 어깨뼈에 끼어 들어간다
꼭 끼워 넣어 주어야 할 생명의 건전지

어느덧 봄은 마징가 제트처럼 벌떡 일어나
뚜벅뚜벅 걸어 나온다.

봄 2

죽은 뿌리에서
혁명아 체 게바라가 몸을 일으킨다
어린 풀은 총칼을 들고 일어선다
어둠 속 감겼던 눈을 뜨고 사슬을 끊고
산과 들을 붉은 깃발로 휘덮는다
하늘을 찌르는 함성
그를 막을 독재자는 없다
한판 벌어진 처절한 전투 끝에
만발한 꽃들이 제각각 피를 뒤집어쓰고 있다
다시 새로운 절망을 찾아 떠나는
혁명아

봄은 성공한 반란이다.

모수석[*]

어느 날 먹구름이 지나가고
또 바람이 흘러갔다
견고한 그녀의 삶 속에
눈물이 균열을 일으키며 뻗어 나갔다
모세 혈관마다 참아 온 뇌출혈처럼
섬세한 섬유질들로 번져 나갔다

그렇게 굳어 버린 심연
이제는 외마디의 부르짖음도
솟구쳐 오르는 분노도 감추어 버린
망각의
울음덩어리.

---

[*] 모수석 : 규장암이라는 돌 속에 번데기 모양이 들어 있는 암석. 작은 석영 알갱이로 되어 단단하나 작은 틈이 생겨 물이 오래 스미면 물속에 있는 망간 성분이 침전되는 일이 반복되어 풀 모양이 검붉은 무늬가 생긴다.

게이들의 벽

목숨 걸고 잘라 낸 뿌리가 온몸 구석구석 뻗는다
돋아 나오기 위해 발버둥친다
레이스가 달린 팬티와 브래지어
실리콘을 가득 채운 차디찬 가슴은 통곡의 벽
강제로 뚫어 놓은 우물은
황폐한 사막의 물 없는 오아시스다

작은 꽃이 되고 싶어
나비가 품어 주는 작은 꽃이 되고 싶어
소리쳐 불러 보는 노래

육신을 반역한 깊은 밤
가성의 메아리 뜨겁게 되돌아온다.

마음 보자기

쌓을 것도 싸맬 것도 없는 펼쳐 놓은 빈 보자기, 착착 접어서 서랍에 숨겨 둘 것인가. 바람에 날려가다 꽁꽁 언 빈 가지에 걸려 시달리다 무심한 그대 손에 찢어지게 할 것인가.

주고 싶은 것도 받고 싶은 것도 없는 방바닥에 펼쳐 놓은 빈 보자기.

나는 간다

간다
내가 간다
모래알같이 부서져도
나는 갈 수밖에 없다
거품으로 주저앉으면
다시 또 일어서서 물결로 간다
네 절벽에 닿을 때까지
잊었던 기억 속으로
붉은피톨이
불끈불끈 돋아나서
동백꽃 만발한 가슴에 닿을 때까지
천 갈래 만 갈래 찢어지는
사랑의 포말

나는 간다
네 절벽으로.

이 지극한 용납

펄펄 끓어오르는 열정 속에
나 눈멀고 귀먹어
가진 것
모두 끌어안고 풍덩 빠졌다
속속들이 먼 기억의 실뿌리까지
깊이 숨겨 놓은 비경의 처녀림까지
녹으며 주춤대며 침잠할수록
용해되는 뽀얀 육신 덩어리
헤어나려 발버둥치지 않는
굳이 등 돌리고 돌아서지 않는

이 지극한 용납.

짧은 삶을 슬퍼하지 않는다
— 총알론

목표물을 노리고 있는
쇠이고
불이다

명중된 나는
삶과 죽음 사이
영원과 순간 사이
찰나에 가슴을 찢고 산화하는

쇠이고
불이다

나르던 한순간의 집중에
나는 충분했다

쇠이고
불이었다.

은행잎 무더기

보도블록 위에 발딱 나자빠져 누워 있는 그녀
이제 갓 스물 안팎의 윤기 흐르는 살결 날렵한 몸매
어느 한 곳 구겨진 곳 없다
초겨울 비 내리는 거리를 이리저리 쫓기다
투박한 구둣발에 노란 쓸개 물까지 토한.

집으로 가는 길

진보주의자는 수술실에서
이념의 메스를 들고 뛰쳐나오고
보수주의자는 알약을 복용한 뒤
배를 쓸어내리라고 종용한다
우리의 체한 삶은 타의도 자의도 아니었다

길 위의 차들은 조용히 고개를 쑤셔 박고
누군가 담배를 피우며 몸을 뒤튼다
버스 손잡이에 매달린 사람들
푸줏간 쇠갈고리에 걸려 퍼렇게 죽어 가는데

빨간 불빛이 꺼지고
푸른 신호등이 켜지면
희망이 흰 비둘기 떼로 횡단보도를 건너고 있다.

살아만 있다면

 어딘가에 살아만 있다면, 이 물을 마시고 저 산을 바라보며 둥글게 커 가는 달 속에서 부메랑 같은 눈길을 서로 던져 봅니다. 새벽 정거장에서 어두운 골목 막다른 진창길에서 타인인 양 비켜서서 스쳐 지나가 버린다 해도 설혹 한평생 그렇게 못 만난다 해도 그 진흙탕 속 파묻힌다 해도 살아만 있다면, 어느 후미진 곳 살아만 있다면, 진주조개처럼 아픈 상처를 영롱한 그리움으로 키울 수 있겠습니다.

동백나무

쉴 새 없이 채찍으로 얻어맞는
태형에
멍든 아랫도리는 썩돌같이 갈라졌다
검푸른 독기들로 살찐 잎새
뒤틀린 가지들이 뭍 쪽으로 향해 있다
이른 봄
깨진 유리 조각 같은 싸늘한 햇살 아래
흩어진 피가래침들
수태하지 못한 한이 아리고 붉다
수북이 쏟아낸 비애의 등 뒤로
갈매기 두엇 날고 있다.

내다본 바깥은 끝이 없다

철문 틈으로
담장 밑에 매어 놓은 토종개 한 마리
매인 채 하늘을 보고
매인 채 밥을 먹고
매인 채 욕망을 핥고
매인 채 추억을 지키고
간혹 꿈속에선가
시장통 양푼에 담긴 육신을 본 것도 같다

바람과 구름 속으로 떠올라간 새들
담장 밖에서는
가을이 달려가는 소리 달려오는 소리

내다본 바깥세상은 끝이 없다.

포스트모더니즘

마음 가는 대로

피는 쉽게 흐른다

평행선도 곡선도 아닌

홀가분한 이데올로기

해바라기 역사는 찢겨 나갔다

시작과 몰락을 음험하게 뒤섞는

시뮬라크르의 번식

침몰한 유조선에선

끊임없이 기름이 흘러 나온다

도시의 입술들이 번들거린다.

바다로 가는 소금

안개비 사선이 어지럽다

의식의 얇은 탈지면 위로

한껏 연해진 생의 촉수들

시간은 털썩털썩 주저앉는다

생의 잔고가 기어코 바닥을 보여 준다

그토록 짜겁던 눈물 소금

이제는 바다로 가서

풀어 놓아야만 한다.

해설

카이로스의 미학 :
존재의 심연을 바라보는 시선

김지윤(문학평론가)

1. 지속

 우리는 시간의 흐름 속에 머물러 있다. 달이 지면 아침 해의 희미한 팟기가 돌고, 해가 지면 어둠 속의 세상을 굽어보는 창백한 달의 얼굴이 드러난다. 언 땅이 녹는 계절이 되면 늙은 가지에 연한 신록들이 다시 낡아질 줄 알면서도 한철 마음껏 돋아난다. 자연의 순환은 이처럼 변함없이 계속되지만, 시간의 흐름은 결코 되돌릴 수 없다. 꽃이 피어나는 봄이 다시 겨울로 뒷걸음쳐 가지 못하듯, 시간은 흐르는 강물처럼 한순간도 멈추지 않으며 한 번 흘러간 물방울이 그 자리를 되찾을 수는 없다.
 어쩌면 삶과 죽음 사이에서 찰나에 지나지 않을지 모를 현재의 시간을 우리는 실아기고 있다 그러나 흘러가는 시간은 분명 '지나가는 것'임에도 우리의 마음에서,

의식에 흔적을 남기며 지속된다. 시간은 앙리 베르그송이 『창조적 진화』(1907)에서 말한 "지속(durée)"처럼 끊임없이 흐르는 연속적인 경험이며 삶의 존재 형식이다. 베르그송의 말처럼 의식 속에서의 시간은 단절된 점들의 연속이 아니라, 하나의 유기적인 흐름이다.

시를 쓰는 일도 이를 닮았다. 물방울이 모여 강물의 흐름을 만드는 것처럼, 시인은 시어와 문장들을 엮어 시를 쓴다. 그 흐름은 우리가 시계로 측정하는 기계적인 시간과 달리, 삶의 매 순간을 고유하고 독특하게 만든다. 시의 모든 구절은 시인의 내면 깊은 곳에서 솟아오른 감정과 경험의 흐름이라 할 수 있다. 한 문장이 만들어질 때마다 그 순간의 감정과 사유가 시인만의 방식으로 정제되고, 이는 시간이 흘러도 지워지지 않고 남는 고유한 흔적을 만든다.

시집 『바다로 가는 소금』, 『꽃들은 만개의 꿈을 반복한다』, 『누가 시간 좀 빌려 주세요』, 『붉은 가시』, 에세이 공저 『세상의 존귀하신 분들께』 등을 출간하며 활발한 활동을 해온 이숙이 시인은 긴 시간을 녹여 존재의 본질을 깊이 탐구하는 일에 골몰해왔다. 인간의 내면에서 일어나는 일들과 존재론적 투쟁에 관한 깊은 사유를 형상화해왔던 시인의 이번 시집은 그동안의 시적 여정이 만들어온 궤적을 담아내며 새롭게 도달한 지점도 함께 보여 주고 있다.

　1부의 시편들은 과거의 경험과 기억, 그리고 내면의 고백을 중심으로 전개된다. 잃어버린 시절에 대한 그리움, 옛 기억의 아픔을 표현하는 「붉은 가시」, 「연분홍 치마가 봄바람에」, 「목메어 불러보는」, 내적 갈등과 욕망을 드러내는 「나는 래퍼」, 「탱고를 추고 싶다」, 「일렁이며 탐하는」, 주변 사람들과의 관계 속에서 느낀 감정들을 탐구하는 「돌아가고 싶다」 등이 있고 지나 버린 시간에의 회한과 결핍된 현재에 대한 상념을 보여 주는 「무정 부르스」, 「기억의 끝에서」 「멀리서 온 전화」, 「등은 쓸쓸하다」 등이 있다.

　2부의 시편들은 사회적 현실과 그에 대한 시적 응전을 보여 준다. 2부는 개인의 경험을 넘어 공적 기억이나 체험에 대해 말하고, 한국을 넘어 전 세계로 확장된 사회적 현실을 보여 준다. 보다 강렬하고 직설적인 어조로 사회적 억압, 갈등, 인간의 내면 깊숙한 곳에 자리한 분노와 슬픔을 표현한다. 「햄릿처럼」, 「죽이고 싶도록 미워한 적 없는가」, 「아오지 탄광에서」, 「비행기는 10시 50분에 이륙했다」 등에서 인간 본연의 모순과 내적 분열을 묘사하고 억압된 사회 현실과 그 안에서 겪는 개인의 고통을 그려 낸다. 장소도 폐광촌, 아오지 탄광, 미국 빈민촌, 이태리 시골 장터, 시베리아, 제주도 등으로 다양하다. 사회에서 배제되고 소외된 이들, 핍박받는 자들, 예술가의 고뇌가 그려지고 인간의 본성을 탐구하는 시인의 목소리는 더욱 날카로워진다. 그러나 시인은 치유의 가능성도 열어놓는다. 비굴하고 잔혹한 시대의 생존투쟁을 그리는 시 「비애」가 "오늘도 한 잔의 갈증을 따라 마시며/ 부패한 살을 찢어 먹으며/ 흡혈귀처럼 산다"라는 환멸적 표현 뒤편에 이러한 인간군상에 대한 깊은 연민을 보여 주듯, 시인은 "혼신을 다해 화해하고 싶다// 깊이 허공에 박힌 촉을 뽑는다."(「화해」)라고 쓰며, 이런 갈등과 비극을 해소하고 화해의 가능성을 모색할 길을 고민한다.

3부의 시편들은 존재의 본질과 철학적 탐구를 좀 더 본격적으로 다루고 있다. 인간 존재의 본질, 삶과 죽음, 시간의 무상함 등을 탐구하며, 스스로의 내면으로 들어가 자기 존재에 대해서도 성찰한다. 「온통 꼴린다」, 「꽃들은 만개의 꿈을 반복한다」는 자연과 인간의 욕망을 통해 존재의 순환과 반복을 이야기하고, 「허무함을 쓴다」, 「1937년 프랑스산 적포도주」 「위대한 나그네」, 「엄마는 가지 않았다」, 「물의 꿈」, 「너를 녹이지 못했다」 등은 삶과 죽음, 시간과 존재의 무상함에 대해 고찰한다.

4부에서 시인은 사회의 다양한 측면을 다루며, 각 시가 제시하는 새로운 시각을 통해 독자에게 질문을 던진다. 「봄 1」, 「봄 2」는 혁신과 재생의 이미지를 통해 변화와 새로움을 상징하고 「게이들의 벽」 등은 사회적 소수자와 주변화된 존재들을 조명하며, 그들의 아픈 현실을 사실적으로 표현한다. 「짧은 삶을 슬퍼하지 않는다」, 「이 지극한 용납」 등은 존재와 관계의 본질을, 「내다본 바깥은 끝이 없다」, 「포스트모더니즘」 등은 현대 사회의 복잡성과 모순을 탐구한다.

이숙이의 시들은 개인적 경험과 사회적 현실을 넘나들며 인간 존재의 복잡성, 새로운 가능성에 대한 성찰을 바탕으로 끊이지 않는 시간의 흐름 속에서 포착되는 어떤 '순간'에 집중하며 카이로스의 미학을 구현한다. 카이로스(Kairos)는 연속적인 흐름으로서의 시간을 나타내는 크로노스(Chronos)와 구별되며, 철학적, 신학적 맥락에서는 "질적으로 중요한 시간" 또는 "변화를 일으키는 순간"을 의미하기도 한다.

2. 내적 시간

이숙이 시인은 삶 속에서 시간의 흐름 중 특별한 순간들이 갖는 의미를 탐구한다. 지나간 과거는 사라지지만 우리가 체험한 모든 것은 질적 변화를 남긴다. 또한 실제로 흘러가는 절대적 시간 속에서 우리는 주관적 감각으로 순간을 영원처럼, 영원을 순간처럼 느낄 수 있다.

베르그송은 시간에 대한 전통적인 이론, 즉 물리적이고 객관적인 시간을 비판했으며 시계에 의해 측정되는 균질한 시간, 물리적 시간을 "공간화된 시간"이라고 불렀다. 그는 시곗바늘의 운동으로 측정되는 공간화된 시간은 인간이 실제로 경험하는 "내적 시간"과 다르다고 주장하며 질적 변화의 연속체인 지속의 시간을 제시했다. 이 내적 시간은 우리의 의식과 경험 속에서 흐르며 주관적이고 질적으로 인식된다.

> 일월화수목금토 다시 일월화수목금토/ 또다시 1월 2월 3월 4월 5월 6월 7월 8월 9월 10월 11월 12월/ 1년이 가고 2년이 가고 3 4 5…,/10년 20년 30년 40년 50년 60년,/ 세월은 혼비백산해 버렸다 (「무정 부르스」)

> 대가리를 치고 아가미와 내장을 긁어낸다/ 아무 죄의식도 없다 (「시간을 토막 내는,」)

> 우리가 빠져나온/ 무한대의 미지 속에서/ 시간은 별 무덤에 이장되리라 (뼈의 시간)

괘종시계가 숨을 끊듯/ 가릉거린다 (「방전」)

　위의 시 구절들은 시간을 냉혹하고 폭력적으로 묘사하고 있다. 시간의 흐름이 자연스럽고 연속적인 것이 아니라, 파편화되고 단절되어 있으며 인간 존재의 유한성과 덧없음이 드러난다. 시인은 시간의 불가역성을 강조한다. 「방전」에서 시계가 '숨을 끊듯' 시간이 표현되는 것은 시간이 지나감에 따라 인간이 소진되고 끝나 버리는 필멸의 존재임을 상징한다. 「뼈의 시간」에서도 시간은 계속 흐르지만, 그 속에서 인간은 결국 유한한 존재로서 끝을 맞이한다는 사실을 시적으로 표현하고 있다.

　「무정 부르스」의 "일월화수목금토 다시 일월화수목금토/ 또다시 1월 2월 3월…"과 같은 표현은 시간의 반복성을 강조한다. 일주일, 한 달, 한 해가 계속해서 순환하지만, 그 과정에서 시간은 무의미하게 흘러간다. 특히 "세월은 혼비백산해 버렸다"라는 표현에서 나타나듯 이 시는 시간의 흐름이 혼란스럽고 통제 불가능한 상태로 인간에게 다가온다는 인식을 보여 준다.

　「시간을 토막 내는」에서는 시간에 대한 폭력적인 이미지가 등장한다. "대가리를 치고 아가미와 내장을 긁어낸다"라는 구절은 시간의 흐름을 생물체를 해부하는 행위로 비유하며, 시간의 파괴적 속성을 묘사한다. 시간은 모질고 냉정하게 우리를 지나간다.

「뼈의 시간」에서 "우리가 빠져나온/ 무한대의 미지 속에서/ 시간은 별 무덤에 이장되리라"라는 표현에서 드러나듯, 우주적이고 무한한 개념인 세상의 시간과 대비되는 인간의 시간은 짧고 유한하기에 시간의 흐름 속에서 모든 것은 사라지고 결국 죽음에 이른다. 「방전」에서는 "괘종시계가 숨을 끊듯/ 가릉거린다"라는 표현을 통해 기계적인 시간의 흐름이 계속 인간의 삶에 침범하며 결국 인간의 생명을 거둘 수 있음을 보여 준다.

> 바삭한 모래 속에 열 손가락 묻고
> 엎드려 주문을 흘리는 여자
>
> 이 빠진 괘종시계가 낮 한 시를 흘린다
>
> 마른 내장에선 역한 모래 냄새 올라온다
>
> 널브러진 해골들이 여기저기
>
> 모래바람이 일어난다
> 비명들이 몸을 비튼다

늙은 괘종시계가 밤 한 시를 물고 버틴다

목마른 낙타가 볼을 부벼대지만
여자는 더워지지 않고

주문은 더 흐르지 못한다

낙타가 목을 빼고 마셔댔던
만년설 녹아 스민 오아시스였을
그 여자.
　　　　　—「괘종시계가 밤 한 시를 물고 버틸 때」 전문

 이 시는 주문을 외우는 여지의 모습으로 시작된다. "바식한 모래 속에 열 손가락 묻고/ 엎드려 주문을 흘리는 여자"는 모래 속에 손을 묻고 있다. 여사에게 히락된 희망은 매우 희박해 보인다. "이 빠진 괘종시계가 낮 한 시를 흘린다"는 표현에서 괘종시계는 시간을 상징하지만, 이 빠진 시계는 무너진 시간 감각을 의미한다. '낮 한 시'는 오전에서 낮으로 넘어가며 한낮의 정점을 이루는 시간이다. 모래가 가장 뜨거울 낮 한 시, 그녀의 손은 타는 듯이 고통스러울 것이다. 여자의 "마른 내장에선 역한 모래 냄새 올라온다"는 표현에서 그녀가 잃어 가고 있는 생명력과 비극적 상황이 드러난다. "널브러진 해골들이 여기저기" 있는 곳이라는 표현에서 해골은 죽음이나 삶의 끝을 상징하므로 이곳이 이미 죽음과 가까운 공간이라는 것을 암시한다. 그러나 "모래바람이 일어난다/비명들이 몸을 비튼다"는 표현에서처럼 고통스러운 이 공간은 모래바람을 일으킬 수 있는 가능성 또한 내포하고 있다. 생명의 부재, 부서진 존재를 상징하는 모래는 또한 유동성, 변형 가능성, 그리고 끊임없는 흐름을 가진 것이기도 하다. 모래는 고정되지 않고 끊임없이 변화하며 흩어지는 성질을 지니고 있다. 사막의 모래는 광활함과 무한성을 상징하기도 한다. 그래서 여자는 황폐한 사막의 모래에 열 손가락을 묻고 주문 외우기를 그치지 않는다.

"늙은 괘종시계가 밤 한 시를 물고 버"티고 있지만, 시간의 흐름을 막지는 못할 것이다. 자정이 지난, 밤 한 시는 어둠이 깊은 때이지만 동시에 새로운 하루가 시작되는 경계의 시간이다. "낙타가 목을 빼고 마셔댔던 만년설 녹아 스민 오아시스였을 그 여자"라는 구절에서 여자는 과거에 "만년설 녹아 스민 오아시스"처럼 중요한 생명의 원천이었을 가능성을 시사한다. 오아시스는 사막에서의 희망과 생명을 상징한다. 설사 그녀의 주문이 더 흐르지 못하고 고여 있더라도, 그녀의 기도는 계속되고 있다. 그러나 시인은 인간존재의 유한성을 주관적이고 내적인 시간 인식으로 극복하려 한다.

시인의 시간관이 잘 드러나 있었던 시집 『누가 시간 좀 빌려 주세요』(문학선, 2011) 에 실린 「잃어버린 시간을 찾아서」는 시간이 단순한 물리적 흐름이 아니라, 주관적이고 복합적인 감각의 영역으로 표현된다. 시간의 흐름은 선형적이지 않으며, 기억과 현재, 그리고 상상의 시간들이 서로 얽혀 있는 방식으로 드러난다. 첫 번째 연에서는 이태리 토스카나 지방의 시골 장터라는 구체적인 공간 속에서 일상적인 순간들이 묘사된다. "피에로와 그의 아내가 탬버린을 흔들며 춤을 춘다"는 장면은 평범한 일상의 한순간처럼 보이지만, 시의 화자는 이 장면을 마치 과거의 기억으로 회상하는 듯한 어조로 전달한다. 이때 시간은 일상의 흐름과 관련된 '시계의 시간'이라기보다는, 화자의 기억 속에 담긴 과거의 순간을 다시 현재로 불러온 내적 시간이다.

장터의 일상적 모습 속에 "언젠가 본 듯한 낯익은 얼굴들"이 겹쳐지는 것이나, "누가 부르는 것 같다/ 뒤돌아보면 자욱한 형상들뿐/ 모든 것들이 빙글빙글 돈다/ 낮은 담장을 짚고 있어도/ 심한 빈혈이 내 전생을 흐릿하게 펼쳐 놓는다"는 표현을 보면 현재와 과거가 혼재된 시간 감각이 드러난다. 이는 화자가 과거의 어떤 특정한

순간과 기억을 재구성하고 있음을 암시하며, 시간 흐름이 단순히 선형적으로 이어지는 것이 아니라 기억을 통해 다시 살아남을 보여 준다. 시간은 시인의 시 속에서 끊임없이 흘러가는 존재로, 삶에 지울 수 없는 흔적을 남기며, 동시에 인간의 감정과 존재를 형성하는 중요한 요소다.

3. 기억

이 시집에서 시인이 자신의 과거에 대해 가지는 관점은 복합적이다. 시인은 자신의 과거를 회상하면서 종종 회한과 슬픔을 느낀다. 「연분홍 치마가 봄바람에」와 같은 시에서는 지나간 청춘에 대한 그리움과 아쉬움을 드러내며, 그 시절의 기억이 탄력 잃은 고무줄처럼 늘어지기만 한다고 표현한다. 「붉은 가시」와 같은 시에서는 힘든 시절이 '굵고 붉은 가시'로 남아 있음을 표현한다.

이것은 개인적 기억이면서 또한 공적 기억이기도 하다. 이 시집의 많은 시들에서 한국의 역사적 경험들이 개인적 경험과 맞물려 나타난다. 한국 역사의 고통스러운 시기들, 특히 식민지 시대와 전쟁, 분단의 경험들이 자주 등장한다. 예를 들어, 「아오지 탄광에서」에서는 억

압과 고통 속에서도 살아남기 위해 몸부림치는 사람들의 모습이 그려지고, 「동백꽃, 떠내려간다」에서는 역사 속에서 잃어버린 것들에 대한 슬픔과 애도를 표현한다. 일제강점기, 한국전쟁, 그리고 산업화와 민주화 과정에서 잃어버린 문화, 사람들, 가치들에 대한 깊은 애도가 시집 곳곳에서 드러난다. 그러나 시인은 한국 역사를 단순히 고통의 연속으로만 보지 않고, 그 속에서 저항하고 생존해온 사람들의 모습도 부각시킨다. 「면죄부」와 같은 시에서는 긴 세월 동안의 상처와 그것의 봉합이 묘사된다. 「면죄부」는 일제 강점기에 "시베리아 바람이 몰아쳐도 그는 당당한 바람막이였다"고 묘사되는 아버지와 남매가 시대를 관통하며 생존을 위해 몸부림칠 때 "언제나 부재중인 엄마"가 "반세기 훌쩍 넘어 우리 앞에" 유골로 나타난 사건을 그려 내고 있다. 시인의 관점이 독특한 것은 「부르주아의 낭만」 같은 시에서 엿보이듯 경제적 발전과 그로 인한 계층 간의 갈등과 부조리를 다루면서도 단순히 긍정적이거나 부정적인 시각만을 취하지 않는다는 것이다. 시인은 한국 현대사가 가져온 사회적 변화와 그 이면에 있는 불평등과 부조리를 동시에 인식하고, 한국 사회가 겪어온 변화의 양면성을 드러내며 자기 반성적 역사의식과 태도를 취한다.

또한 시인은 희망과 재생의 가능성도 열어놓는다. 「봄

1」, 「봄 2」와 같은 시에서는 죽음과 절망 속에서 다시 피어나는 생명력을 강조한다. 봄은 겨울의 죽음과 침묵에서 벗어나 새로운 시작과 반란을 의미하는 계절로 묘사되며, 자연의 생명력과 재생의 힘이 인간의 투쟁과 회복의 과정과 연결되어 있음을 보여 준다. "지난 겨우내 몸이란 몸 다 빼앗긴 채/ 얼어 죽고 썩어 흩어졌던/ 첩첩이 쌓인 죽음들이 이 악물고/ 피어나 흐드러지며/ 한자리에 어우러진"(봄 1) 장면을 떠올려 보자. 이는 한국 사회가 수많은 시련을 겪으면서도 끊임없이 재생하고 성장해 온 역사를 상징하는 것이기도 하다.

시인이 자주 쓰는 이미지나 상징 중 주목되는 것이 '길'이다. 이숙이의 시에는 길이 많이 등장하는데, '기억'과 '길'은 깊은 상징적 연관을 맺고 있다.

> 모두를 잃어버린 채/ 황량한 모래바람을 맞으며 사막 길을 걷고 있었다/ 허탈하고 비통했던 빈 무덤의 어두운 공간을/ 잊을 수 없었다 (「엠마오 가는 길」)

> 길 위의 차들은 조용히 고개를 쑤셔 박고/ 누군가 담배를 피우며 몸을 뒤튼다/ 버스 손잡이에 매달린 사람들/ 푸줏간 쇠갈고리에 걸려 퍼렇게 죽어 가는데// 빨간 불빛이 꺼지고/ 푸른 신호등이 켜지면/ 희망이 흰 비둘기 떼

로 횡단보도를 건너고 있다. (「집으로 가는 길」)

자욱이 내려앉아 아득한 길/ 함석지붕 굴뚝에서 풀려나오는/ 가늘고 긴 끄나풀 한 줄기/ 이슬에 젖은 비애를 털며/ 탕아가 된다/ 그리움이 대못을 치고 돌아섰던/ 그 길/ 세월에 녹슬어 새 살이 돋아/ 못 빠진 상처 위에/ 보름 달빛 가득 내린다/ 기억의 끝에서 터져 나온/ 외마디 절규
(「기억의 끝에서」)

이숙이 시인의 시에서 길은 단순한 물리적 경로를 넘어, 화자의 내면세계와 연결된 기억의 여정을 상징한다. 화자는 길을 따라 자신의 내면세계를 다시 걷고 있는 것이다. 황량한 모랫길은 방랑자에게 자신이 갈 길을 잃었음을 깨닫게 해주는 공간이기도 하다. 「엠마오 가는 길」에서의 길은 상실의 공간이다. "모두를 잃어버린 채/ 황량한 모래바람을 맞으며 사막 길을 걷고 있었다"는 구절은 인간이 겪는 상실과 황량함을 상징한다. 이때 길은 기억 속에서 상실을 다시 경험하고, 그것을 반복적으로 떠올리는 장소다. 사막은 비어 있고 메마른 장소로, 기억 속에서 화자가 느끼는 공허감과 비통함을 그대로 반영하며, 빈 무덤의 어두운 공간도 비애감을 높여 준다. 기억은 그 끝에서 "외마디 설규"(「기억의 끝에서」)가 터져 나

오게 하는 고통스러운 것이며, 화자는 이것을 길 위에서 되새겨야만 한다.

「집으로 가는 길」에서의 길은 일상적인 공간인 동시에 감정이 응축된 장소다. 버스 손잡이에 매달린 사람들이 마치 "푸줏간의 쇠갈고리에 걸려 퍼렇게 죽어 가는" 모습으로 비유되며, 피폐한 일상의 삶 속에서 화자가 느끼는 피로감과 상실감을 드러낸다. 그러나 "푸른 신호등이 켜지면/ 희망이 흰 비둘기 떼로 횡단보도를 건너고 있다"는 구절은 그 속에서도 여전히 희망이 남아있음을 보여 준다. 이때 길은 기억과 희망이 교차하는 상징적 공간이라고 할 수 있다.

그런데 이 기억은 군데군데 지워지고 흐려져 있다. 기억과 망각 사이에서 어떤 흔적을 찾는 이숙이의 시는 때때로 의식의 문과 창문을 닫고 침묵한다. 니체는 『도덕의 계보』(1887)에서 우리가 새로운 것을 받아들일 공간을 마련하려면 약간의 침묵, 의식의 백지상태가 필요하다고 하면서 망각이 일종의 문지기 역할을 한다고 했다. 사실 우리의 정체성은 기억하는 것뿐 아니라 잊는 것을 통해 구성되는 것이다. 망각은 기억의 조건이며 기억의 일부이다. 니체가 '지금의 삶'을 가능하게 하는 힘이 망각이라고 보았듯, 현재의 주인이 되기 위해서는 '잊는 능력'이 요구된다.

그러므로 시인의 표현처럼 "굳어 버린 심연/ 이제는 외마디의 부르짖음도/ 솟구쳐 오르는 분노도 감추어 버린/ 망각의/ 울음덩어리"(「모수석」)는 사실 현재를 위해서도, 미래를 위해서도 필요하다. 그러나 완전히 과거를 저버리는 것은 아니다. 잊고 계속 나아가고, 그러다 또 잊었던 기억으로 돌아가 이미 지워진 곳에서 흔적을 더듬어 보기도 하는 것이다. 설사 그것이 거품같이, 모래알같이 쉽게 터지고 부서져 버리는 것이라도 말이다. 「나는 간다」에서 화자가 "거품으로 주저앉으면/ 다시 또 일어서서 물결로 간다/ 네 절벽에 닿을 때까지/ 잊었던 기억 속으로"(「나는 간다」)라고 말하며 "모래알같이 부서져도" 절벽을 향해 가는 심정처럼.

「기억의 끝에서」에서는 그리움과 상처가 길과 함께 엮여 있다. "눈도 코도 없는/ 누런 문창호지/ 부식된 기억들"이라는 구절에서 드러나듯 기억은 낡고 부식될 수 있다. "그리움이 대못을 치고 돌아서던 그 길" 위에서 화자는 상처를 떠올리고 있지만, 과거는 이미 예전에 "대못을 치"던 가혹한 힘을 화자에게 행사하지는 못한다. "세월에 녹슬어 새 살이 돋아"라는 구절에서 볼 수 있듯 길은 화자가 상처를 회복해 가는 상징적 경로로 그려진다. "보름 달빛 가득 내린다"는 이미지는 상처 위로 빛이 드리워지는 치유와 회복의 순간을 암시한다.

이숙이의 시에서 과거는 불가분의 연속성을 가지고 현재 속에 잠겨 있다. 비록 지워지고 변형되고, 부서져 파편이 된 채로라도 그것은 여전히 지속되고 있으며 현재는 과거를 계승한다기보다는 동시적으로 존재한다.

그런 점에서 「포스트모더니즘」은 흥미롭게 느껴진다. 역사가 과거로 사라진 것이라고만 보는 것이 아니라 현재를 이해하기 위한 열쇠로 생각하는 것이 포스트모던 역사관이기 때문이다. 이 시는 포스트모더니즘의 핵심 개념들을 활용하여, 고정된 가치나 절대적 진리가 존재하지 않는 현대의 상황을 묘사하고, 세상에 대한 재해석을 촉구한다. 시의 첫 구절, "마음 가는 대로// 피는 쉽게 흐른다"는 포스트모더니즘의 기본적 특성을 잘 드러낸다. 여기서 '마음 가는 대로'라는 표현은 기존의 규범이나 전통에서 벗어나 개인의 감정과 욕망을 중시하는 포스트모던적 사고를 반영한다. 피가 쉽게 흐르는 것은 고정되지 않은 상태를 의미하며, 이데올로기나 진리가 고정된 것이 아니라 변화하고 유동적인 것임을 나타낸다. "평행선도 곡선도 아닌// 홀가분한 이데올로기"인 것이다. 평행선과 곡선은 일반적으로 서로 다른 방향성을 갖고 있지만, 여기서 시인은 이 두 가지 형태를 모두 부정한다. 모든 것이 상대적이고 해체된 포스트모더니즘의 세계관은 "해바라기 역사는 찢겨 나"가게 만든다. 해바라기는 태양을 향해 일정한 방향으로 자라는 꽃이지만, 시인은 여기서 해바라기 역사가 찢겨 나갔다고 표현함으로써, 역사가 더 이상 단일한 시각으로 해석될 수 없음을 시사한다.

시인에게 과거와 시간, 기억은 모두 어느 정도의 망각, 어느 정도의 허구성, 다양한 엮임과 풀림을 가지고 있다. 이러한 시간관은 살아 숨 쉬는 모든 것들의 해방을 꿈꾸며, 비록 유한하고 고통받는 존재들일지라도 역동적이고 창조적인 가능성을 가질 수 있음에 대한 긍정을 보인다. 삶은 허무하고, 사람들은 나약하고 무력해 보이지만 그래도 인간은 그 허무함을 '쓴다'는 것의 의미를 이해하는 존재다.

> 마음이 환해도 쓰고
> 육신이 아파도 쓴다
> 누가 보아주지 않는
> 생각 한 판을, 그래도 쓴다
> 또렷하게
> 젖은 모래사장에 쓰면
> 파도는 달려들어 지우지만
> 쓴다 다시 또 쓴다
> 어떤 참혹한 형벌을 받아도

절박하게 쓴다

이 허무함을

또 쓴다.

―「허무함을 쓴다」 전문

시인의 창작관을 잘 보여 주는 이 시는 창작 과정의 고통과 그로 인한 자기 성찰, 그리고 창작을 통해 의미를 찾으려는 의지를 보여 준다. "어떤 참혹한 형벌을 받아도/ 절박하게 쓴다"라는 구절은 창작이 고통스럽고 때로는 절망적인 과정이지만, 그래도 절박하게 그것을 추구할 수밖에 없음을 나타낸다. 이것은 인생에 대한 비유와도 같다. "젖은 모래사장에 쓰면/ 파도는 달려들어 지우지만" 그럼에도 계속할 수밖에 없다는 것은 '창작'에 대한 비유이자 인생에 대한 비유이다. 「시의 올가미」에서 창작이 "나를 살게 하는 것/ 나를 불 지르는 것/ 나를 죽음의 구렁텅이로 몰아넣는 것"이라고 쓴 것처럼 창작은 시인을 구속하면서도 구원하는 양면성을 가지고 있다.

「뼈의 시간」에서 드러나듯 인간은 유한하지만 영원성을 꿈꿀 수 있는 존재다. 뼈는 죽음과 영속성을 동시에 상징하는데, 시인은 이를 통해 시간이 모든 것을 퇴색시키지만, 동시에 모든 것을 품고 있다는 역설을 표현한다. "모래를 거르고 걸러/ 부지런히/ 내 뼈만 골라내는/

시간이여."라고 시인은 쓴다.

「위대한 나그네」는 시인이 그간 걸어온 여로를 돌아보며 자기 자신에게 말하는 것만 같은 시다. "은밀한 불덩이를 안고/ 목성을 멀리 지켜보며/ 바람 부는 토성 지나/ 오랜 시간 쉬지 않고 달려왔"던 시인은 "바다처럼 푸른 흔적을 가진/ 황홀한 해왕성을 만"나고 "어둠의 책자 속에서 때로는/ 유성이 납활자처럼 반짝이는 것"을 보았을 것이다. 존재의 심연을 바라보는 시인의 시선은 더욱 깊어졌고, 시선(視線)이 향했던 방향들의 궤적이 모여 시선(詩選)이 되었다. 아직도 "더 떠돌아야 할 미지의 길"이 눈앞에 놓여 있다고 느끼는 시인은, 더 멀리까지 떠돌기 위해 오늘도 흐르는 걸음을 옮긴다.

청색지시선집 1

괘종시계가 밤 한 시를 물고 버틸 때
이숙이 시선집

초판 1쇄 발행 2024년 10월 15일

지은이	이숙이
펴낸곳	청색종이
펴낸이	김태형
인쇄	범선문화인쇄
등록	2015년 4월 23일 제374-2015-000043호
주소	서울시 영등포구 문래동2가 14-15
전화	010-4327-3810
팩스	02-6280-5813
이메일	bluepaperk@gmail.com
홈페이지	bluepaperk.com

ⓒ **이숙이, 2024**

ISBN 979-11-93509-09-8 03810

이 도서는 저작권법에 따라 보호받는 저작물이므로 저작권자와 출판사의 허락을 받아야 복제하거나 다른 용도로 사용할 수 있습니다.

값 13,000원